AF502976

Moscou. Vue générale prise du bord de la Moscova. — Photographie inédite d'Alfred Normand, membre de l'Institut.

ALBUM-GUIDE

DE

MOSCOU

A

MONSIEUR LE BARON DE MOHRENHEIM

Ambassadeur

DE SA MAJESTÉ L'EMPEREUR

DE RUSSIE

PRÈS LA RÉPUBLIQUE FRANÇAISE

En témoignage de haute estime

Ce travail est respectueusement dédié

PAR

L'AUTEUR

MOSCOU

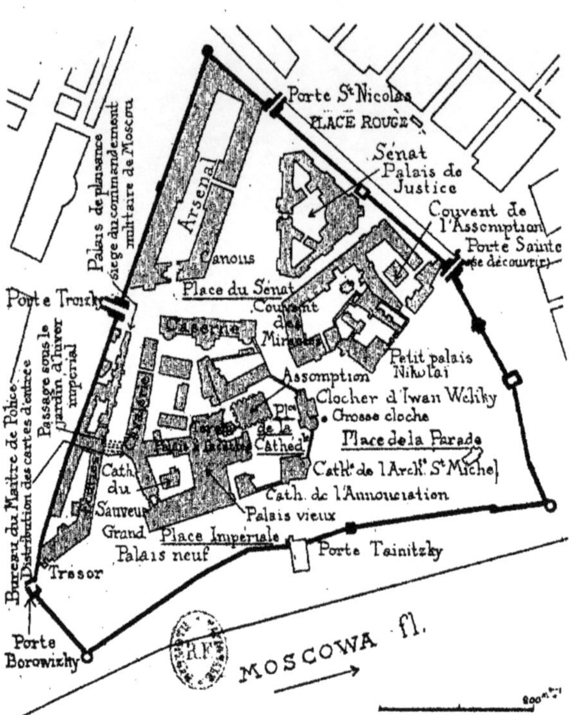

Plan général du Kremlin. — Schema dressé par Charles Normand.

PREMIÈRE PROMENADE

I. — Le Kremlin.

Aspect général. — Moscou a son Kremlin, comme Paris sa Cité, Athènes son Acropole, et Rome son Forum. Le Kremlin occupe le centre de Moscou; il s'élève sur un monticule de 30 mètres de haut; c'est la principale curiosité de Moscou dont l'ensemble se voit bien de la rive droite de la Moscova au point où le Zamoskvorétchié rencontre le quai de Sophie (Sofiskayja Naberenaya). Un mur de pierres, élevé de 20 mètres, lui vaut ce nom de Kremlin, ou de Kreml, qui signifie enceinte; ses créneaux sont taillés en pointes de flèches tartares. Dix-huit tours vertes flanquent les remparts percés de cinq portes rouges. On y trouve trois cathédrales, sept églises, un couvent d'honneur, un monastère de

Pour visiter le Kremlin, se munir de cartes au bureau du maître de police. Il est situé dans l'angle sud-ouest de l'enceinte et marqué sur notre plan près du Grand Palais.

Observation pratique. — Des cartes sont nécessaires pour la visite de la plupart des édifices publics.

femmes, trois palais impériaux, toute une ville de Palais, d'églises et d'édifices publics, suivant un tracé de 2 kilomètres de tour. « Jadis, écrit Théophile Gautier dans son voyage en Russie, le Kremlin, considéré de tout temps comme l'acropole, le lieu saint, le palladium et le cœur même de la Russie, était entouré d'une palissade en forts madriers de chêne — la citadelle d'Athènes n'avait pas d'autre défense avant la première invasion des Perses — Dmitri-Donskoï remplaça la palissade par des murs crénelés, que fit rebâtir le tsar Jean III à cause de leur état de vétusté et de délabrement. C'est la muraille de Jean III qui subsiste encore aujourd'hui, mais souvent restaurée et refaite en maint endroit.

« D'épaisses couches de crépi empêchent d'ailleurs de découvrir les blessures que le temps peut y avoir faites et les noires traces du grand incendie de 1812, qui du reste ne fit que lécher de ses langues de flammes l'enceinte extérieure. Le Kremlin a quelque rapport avec l'Alhambra. Comme la forteresse mauresque, il occupe le plateau d'une colline qu'il enveloppe de sa muraille flanquée de tours; il contient des demeures royales, des églises, des places, et, parmi les anciens édifices, un palais moderne qui s'y encastre aussi regrettablement que le palais de Charles-Quint parmi la délicate architecture arabe qu'il écrase de sa masse. La tour d'Ivan-Véliki n'est pas sans quelque ressemblance avec la tour de la Vela; et du Kremlin, comme de l'Alhambra, on jouit d'une vue admirable, d'un panorama dont l'œil surpris garde toujours l'éblouissement ».

Selon Valérien Kiprianof, lieutenant-colonel au corps des voies de communication, « un territoire nommé Bor ou Borowitchi, et couvert d'une forêt séculaire, fut, dès l'origine de Moscou, le point central de la ville. C'est là que, à une époque où Koutchkowo était à peine connu en Russie (nom sous lequel Moscou est mentionné pour la première fois, en 1147), s'élève d'abord l'église du Saint-Sauveur dans la forêt, la plus ancienne église de Moscou ». Ce territoire, alors nommé *Diétinets*, fut entouré, par ordre de Dmitri Dons Koï, d'une palissade en bois de chêne. Le grand-duc Dmitri Ivanovitch et son frère Vladimir avaient déjà songé à entourer Moscou d'une enceinte de pierre; mais le projet n'a été mis à exécution qu'au XVe siècle, sous le règne de Jean III.

Depuis 1812 les fossés qui entouraient les murs du Kremlin ont été comblés; à leur place se trouvent des jardins et des boulevards. On a retrouvé par hasard quelques parties du **Kremlin souterrain**,

Le Kremlin. — Le mur d'enceinte, la Porte Sainte (à horloge) avec la loge d'Ivan le Terrible.

Photographie inédite d'A. Normand, de l'Institut.

Les remparts du Kremlin, boulevard et tour.

Photographie inédite d'Alfred Normand, membre de l'Institut

aqueducs et galeries secrètes « pour le cas de siège », suivant l'expression des documents du temps de leur édification.

Le **mur d'enceinte du Kremlin** est percé de cinq portes, célèbres au point de vue historique, et de dix-huit tours (voir le plan). A l'intérieur on compte quatre places, la place de la Parade, celle de la Cathédrale, la place Impériale et la place du Sénat.

Les **portes** : 1° La **porte Spasskoï** ou **Porte Sainte** sur la place Rouge, à l'est de l'enceinte.

Recommandation importante. — Alexis a ordonné que nul ne pût passer au-dessous la tête couverte. Une irrévérence serait regardée comme sacrilège. Il n'est que juste d'ailleurs que les étrangers aient la délicatesse de la politesse qu'on doit à ses hôtes « Il ne s'agit pas seulement, dit Th. Gautier, de saluer les saintes images qui sont à l'entrée du porche et devant lesquelles brûlent des lampes perpétuelles, mais bien de rester découvert jusqu'à ce qu'on soit hors de la voûte; il faut partout se conformer aux usages des peuples : ôter son bonnet sous la porte Spasskoï et ses bottes au seuil de la Soliманieh ou de Sainte-Sophie. Le vrai voyageur ne fait jamais d'objection. »

Une sentinelle obligeait les oublieux à s'agenouiller cinquante fois de suite. Un boulet, dit-on, rebondit et tua en 1812 les servants français de la pièce qui l'avait lancé. On sait d'ailleurs que, à cette époque, le Kremlin ne fut pas sérieusement défendu; seuls des bandits, déchaînés par Rostoptchine, firent un peu de résistance. Il paraît aussi que Napoléon Ier étant resté couvert un coup de vent lui enleva son chapeau. — Cette porte est la plus merveilleuse de Moscou. Sa partie inférieure fut construite en 1491 par le Milanais Pierre Solari; le clocher est l'œuvre de l'architecte anglais Gallowey (1626). — Au-dessus de l'entrée l'*Image du Sauveur*, de Smolensk, le palladium du Kremlin établi en 1647 par le czar Alexis Mikhailowitch.

Une lampe est suspendue au-devant. La porte est percée dans une énorme tour carrée; trois étages en retraite s'élèvent au-dessus, ils sont couronnés par une flèche portée sur des arcatures évidées; au sommet l'aigle russe, à double tête, tenant aux serres la boule du monde. De chaque côté un cadran d'horloge.

2° La **porte de Nicolas** sur la place Rouge ou Krassnaya renferme les archives de la cour; elle doit son nom à la mosaïque qui la décore, et où l'on a représenté saint Nicolas de Mojaïsk, patron des affligés. L'architecte Pietro Antonio construisit la tour en 1491.

Alexandre Ier fit marquer en une pierre de nature distincte la crevasse qui date de l'époque de l'occupation française; l'accident laissa intactes la mosaïque et la lampe, ainsi que l'enseigne l'inscription apposée par le czar. L'architecte Rossi restaura cette tour d'après l'église de la Vierge de Stargard, en Poméranie.

3° La **porte Troïtzky**, à l'ouest de l'enceinte.

4° La **porte Borowitzky** occupe l'angle du pan coupé du sud-ouest.

5° La **porte Taïnitzky**, au milieu de la façade méridionale, sur la rive de la Moskowa.

Dix-huit tours flanquent le mur d'enceinte du Kremlin. Celle de l'angle sud-ouest, à l'angle du jardin d'Alexandre et de la Moscowa, se nomme *tour Wodowswodnyi*. La tour qui est à l'autre extrémité du même jardin, et voisine de la place Rouge, est la *tour Sévernyi*.

Visite de l'intérieur.

Dès qu'on a franchi la Porte Sainte ou Spassky, en venant de la place Rouge, on trouve à droite le **Couvent de l'Ascension**, couvent de nonnes fondé au XIVe siècle, refait en 1721, restauré en 1737 et après 1812.

L'**église d'hiver**, dite Zimni sobor, se trouve au milieu du monastère; fondée en 1393 par Eudoxie, qui s'y retira et y mourut en 1407. La chambre des vêtements, ou Risniza, renferme de nombreuses richesses. L'**église d'été** occupe le côté méridional; élevée au XVIIIe siècle, elle renferme l'image de la Vierge de Kazan et un bas-relief figurant saint Georges avec le dragon; ce sont les armes de Moscou, qui figuraient autrefois au-dessus de la porte Frolof.

Le **petit palais Nicolas**, qui se trouve à l'ouest du couvent de l'Assomption, n'est visible qu'avec une permission spéciale du Président du comptoir de la cour. Construit par Catherine II, il fut restauré en 1876. On y voit le lit de camp de l'empereur, dans la chambre à coucher de Nicolas Ier, et, dans une autre pièce, des pains d'une forme originale; ils ont été offerts à l'empereur par la municipalité de Moscou. Dans la salle à manger, scènes de l'histoire de Pologne et de Russie. On voit dans la chambre de la czarine une corbeille d'ivoire placée dans un temple de même matière; cet ouvrage, du sénateur Poliwanow, fut offert à la czarine par l'auteur. Une autre pièce renferme deux peintures d'Aiwasowsk'ys : l'incendie de Moscou et l'église de la Délivrance.

En face, on aperçoit la **Cloche Colosse** ou **Czar Kolokol**; elle est au pied du clocher d'Iwan Wéliky; vingt personnes y trouvent place; haute d'environ 8 mètres, sa circonférence mesure plus de 23 mètres. Une inscription qu'on y lit nous apprend que cette cloche fut fondue par le fondeur moscovite Ivan Féodorof Matorine, en 1731, par ordre de l'impératrice Anne. Faite avec du métal ancien, elle pèse 195000 kilogrammes. Fixée à une charpente de bois en 1737, elle s'en détacha la même année; dans sa chute un morceau de 11 kilogrammes s'en détacha; l'architecte Ricard de Montferrand déterra la cloche par une habile manœuvre, puis, à l'aide de cabestans, la traîna en 1836 à la place où l'on la voit aujourd'hui; pendant près d'un siècle elle demeura enfoncée de 6 mètres dans le sol. A. Ricard de Montferrand a décrit cette cloche et sa translation dans un in-folio publié à Paris en 1840.

Des bas-reliefs extérieurs représentent le Sauveur, la Mère de Dieu, Saint-Jean-Baptiste, le czar Iwan Alexeiéwitch, l'apôtre Pierre et Anne la Prophétesse, le czar Alexis Michaïlowitch et l'impératrice Anne Iwanowna. Une boule et une croix surmontent cette cloche dont l'épaisseur est de 27 centimètres au sommet et 56 à la base; à côté on voit le morceau qui s'en est détaché.

Le **clocher d'Ivan Véliky** ou de Jean le Grand, terminé par une coupole dorée de 10 mètres de diamètre, que surmonte une croix haute de 16 mètres; commencé par Jean Villiers sous Féodore Iwanovitch, terminé en 1601 par Boris Godounof, le clocher fut brûlé plusieurs fois et renouvelé en 1813. Il mérite l'ascension qui n'est permise que jusqu'à une trentaine de mètres au-dessous de la coupole; on gravit quatre cent cinquante marches et l'on rencontre trente quatre cloches: la plus grande, dite de l'Assomption, refaite en 1819, pèse près de 69 000 kilogrammes; on y voit les portraits de l'empereur Alexandre, de sa femme Élisabeth, de sa mère Marie Feodorowna, de ses frères Constantin et Nicolas. On ne la met en branle qu'aux nuits de Noël et de Pâques: au-dessus se trouvait la célèbre cloche Vetschewoi de Novgorod, rapportée à Moscou, lors de la prise de la ville en 1471. Il est bon d'éviter, pour l'ascension de la tour, les jours fériés, à cause des sonneries, et de choisir un temps clair.

Ce clocher servait de vigie, quand Moscou était exposée aux attaques fréquentes des Tartares de la Crimée, des Lithuaniens et des Polonais. Sur la place où il s'élève, avait lieu la proclamation des oukases du tsar. On ne peut oublier le spectacle qu'on a du haut de cette tour, en particulier dans la nuit de Pâques. A minuit la grosse cloche donne le signal auquel répondent toutes les cloches de Moscou, ainsi que cent un coups de canon tirés du Kremlin. En même temps des processions sortent de toutes les églises, conduites par des prêtres aux vêtements de couleurs éclatantes et dorés. Le Kremlin et ses coupoles sont illuminées; la foule immense s'agite avec des lumières. D'ailleurs, la vue est splendide par un beau temps : « Voilà Rome tatare » s'écriait Mme de Staël de cet observatoire occupé par Napoléon en 1812. La vue, superbe d'ici, a été peinte par Th. Gautier :

« On dit que Moscou renferme plus de trois cents églises et couvents; nous ne savons si ce chiffre est exact ou purement hyperbolique; mais il paraît très vraisemblable, quand on regarde la ville du haut du Kremlin, qui lui-même renferme un grand nombre de cathédrales, de chapelles et d'édifices religieux.

On ne saurait rêver rien de plus beau, de plus riche, de plus splendide, de plus féerique, que ces coupoles surmontées de croix grecques, que ces clochetons en forme de bulbe, que ces flèches à six ou huit pans cotelées de nervures, évidées à jours, s'arrondissant, s'évasant, s'aiguisant sur le tumulte immobile des toitures neigeuses. Les coupoles dorées prennent des reflets d'une transparence merveilleuse et la lumière au point saillant s'y concentre en une étoile qui brille comme une lampe. Les dômes d'argent ou d'étain semblent coiffer des églises de la lune; plus loin ce sont des casques d'azur constellés d'or, des calottes faites en plaques de cuivre battu, imbriquées comme des écailles de dragon, ou bien encore des oignons renversés, peints en vert et glacés de quelques paillons de neige; puis à mesure que les plans se reculent, les détails disparaissent, même à la lorgnette, et l'on ne distingue plus qu'un étincelant fouillis de dômes, de flèches, de tours, de campaniles de toutes les formes imaginables dessinant d'un trait d'ombre leur silhouette sur la teinte bleuâtre du lointain, et en détachant leur saillie par une paillette d'or, d'argent, de cuivre, de saphir ou d'émeraude. Pour achever le tableau, figurez-vous, sur les tons froids et bleutés de la neige, quelques traînées de lumière faiblement pourprées, pâles roses du couchant polaire semées sur le tapis d'hermine de l'hiver russe. »

Au loin on aperçoit la *Montagne des Moineaux*, hauteur d'où l'armée française arrivant de Smolensk aperçut pour la première fois la ville sainte de Moscou. A l'Occident on voit la colonnade de la maison Paschkoff, aujourd'hui musée, au nord-est le Grand-Théâtre, et, au delà, la tour octogonale de Souharef, surmontée de l'aigle russe.

« De la plate-forme du clocher d'Ivan Véliscy on embrasse d'un seul coup d'œil, écrit Tissot, les différentes phases de développement et d'agrandissement de Moscou. La ville s'abrita d'abord tout entière derrière les murailles du Kremlin; puis, peu à peu, la ruche-mère essaima, des maisons allèrent coquettement se mirer dans la rivière, le long des berges de la Moskova. Une nouvelle enceinte fut alors nécessaire pour protéger la nouvelle ville, le *Kitaï-gorod*, la ville du Refuge ». Du Cange prétend que Kitaï-gorod signifie dépôt des trésors des tsars. Les murs de cette ville furent rebâtis en briques au xvᵉ siècle. Mais bientôt cette ceinture de pierres devint trop étroite, les maisons débordèrent dans la campagne et formèrent une troisième ville, le *Béloï-gorod*, la ville Blanche. On entoura en 1586 d'une enceinte de briques ce quartier nommé d'abord Krasny-gorod ou ville Rouge, à cause de la couleur des briques; elle ne reçut son nom actuel que lorsque ces murs furent blanchis. Cette enceinte fut élevée par l'architecte Théodore Kononof. Un siècle plus tard, les maisons avaient de nouveau franchi les murs du Béloï-gorod et formaient une quatrième ville qu'on appela le *Zemlenoï-gorod*, la ville de Terre, ou Tchorny-gorod, c'est la ville Noire, tirant son nom du rempart de terre qui l'entourait et qui avait été élevé en 1591, après l'invasion des Tartares de Crimée. Enfin, au siècle dernier, de grands faubourgs s'allongèrent au dehors de la ville de Terre; Catherine II les fit entourer d'un rempart. »

Le Kremlin était le siège central du pouvoir laïque et spirituel; Kitaï-gorod était le centre du commerce; Beligorod et Zémlianoï-gorod, centres d'industrie, étaient peuplés d'artisans et d'ouvriers.

Le 15 septembre 1812 Napoléon, dit Thiers, « se hâta de monter à la tour élevée du grand Ivan et de contempler de cette hauteur sa magnifique conquête, que la Moskova traversait lentement en y décrivant de nombreux contours. » Le général Lariboisière força, le 16 septembre, Napoléon à quitter le Kremlin que l'incendie, ordonné par le comte de Rostoptchine, menaçait d'une formidable explosion. Napoléon revint après que le feu fut éteint « dans cet antique palais des czars, au solstice de sa puissance, c'est-à-dire à cette espèce de temps indéterminé qui sépare l'époque de la plus grande élévation des astres de celle de leur déclin (Thiers) ».

La **cathédrale de l'Assomption ou d'Ouspenskoï** occupe à peu près le centre du Kremlin. C'est l'église où l'on couronne les czars et où sont enterrés les anciens patriarches. Elle s'annonce au dehors par une grande coupole haute de 42 mètres, flanquée de quatre petites. Ces dômes avaient été d'abord recouverts de lames de fer d'Allemagne, attachées à des arcs de bois; elles furent remplacées en 1684 par des feuilles de cuivre doré, étendues sur des arcs de fer et doublées de fer-blanc. Au dehors comme au dedans, ses murs sont ornés d'images de saints. Le grand-prince Ivan Danielovitch Kalita posa sa première pierre en 1326.

« Ivan III, écrit M. Maury, fit réparer l'église de l'Assomption au Kremlin, mais avant qu'il l'eût même consacrée, elle s'écroula. Ce fait nous montre que les Russes étaient alors peu versés dans l'art d'élever les voûtes et de calculer la résistance des matériaux. Le czar envoya en Allemagne et en Italie une ambassade pour se procurer des artistes plus habiles. Un architecte et mécanicien de Bologne, en grand renom à cette époque, Alberti Aristotelès, appelé aussi Rodolfi Fioraventi (Voy. Karamsin : *Histoire de Russie*), arriva de Venise à Moscou pour relever l'église écroulée. Dans sa nouvelle construction il reproduisit scrupuleusement l'ancien plan; pour mieux se pénétrer du style russe il alla préalablement étudier l'église de Dimitri à Wladimir », qui lui servit de modèle. La construction de cette nouvelle cathédrale dura quatre ans (1475-1479) et en 1479 elle fut livrée au culte. L'église de l'Assomption fut repeinte en 1515 par Feodor Edikof; les spectateurs, saisis d'enthousiasme à la vue de son œuvre, s'écrièrent : « Nous voyons les cieux ouverts ».

Cette cathédrale dut subir bien des ravages; mais elle fut toujours rétablie dans son état primitif. Elle a été complètement remise à neuf en 1771 par les ordres de l'impératrice Catherine II.

La construction est très solide; les fondations ont plus de deux sagènes de profondeur. Les peintures et les dorures sont de l'époque de Michel Feodorovitch (1644).

L'église a 50 archines de long sur 35 de large et 55 de haut, du sol au sommet de la plus haute coupole. Les murs sont reliés par des crampons de fer. Les voûtes, primitivement de la largeur d'une brique, ont été reconstruites en ogive, en 1626, en même temps qu'on élevait des contreforts aux quatre angles extérieurs.

Intérieur de l'église de l'Assomption. — En pénétrant par la porte orientale, qui est l'entrée principale, on aperçoit les murs couverts de fresques; ce sont, sur le mur de droite ou du sud, les sept conciles de l'église grecque; à gauche ou au nord, la vie et la mort de la Vierge; à l'Orient, le Jugement dernier. Sur les colonnes, saints, moines ou anges se détachent sur un fond d'or. Une tête colossale de Christ décore chacune des quatre coupoles. La tribune où se tient

Église de l'Assomption au Kremlin o[illegible]ouronnement des Czars.
Porte d'entrée.

Photographie inédite d'Alfred Normand, membre de l'Institut.

Eglise de l'Assomption ou du Couronnement des Czars. Vue générale.

Photographie inédite d'Alfred Normand, membre de l'Institut.

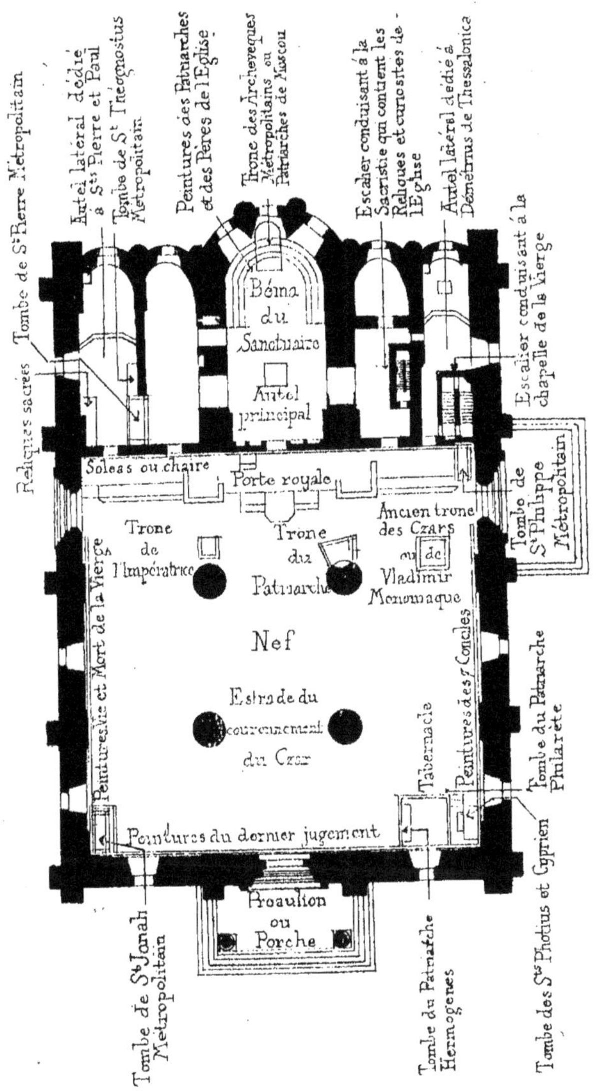

Église de l'Assomption au Kremlin. — Plan schématique dressé par Ch. Normand.

le czar, au jour de son couronnement, se trouve entre les colonnes.

Les tombes de neuf des dix patriarches se trouvent ici : ce sont de simples constructions en briques, couvertes de rouge.

A droite, dans l'angle, on voit la tombe des saints Photius et Cyprien. A côté celle du patriarche d'Hermogènes (1606-1612), qui mourut en prison, et du patriarche Philarète. Près de là on voit le tabernacle de la Sainte-Tunique, haut de $6^m,50$. Il est de cuivre doré à toit pointu. Le drap du linceul de la Vierge fut envoyé en 1626 par Abbas, shah de Perse, au czar Michel Feodorovitch. Un clou de la vraie croix est un don du czar Artschil (1686.)

Dans l'angle, à gauche de l'entrée, on voit la tombe du métropolitain saint Jonas.

Du côté de l'iconostase et en avant des colonnes, vers les autels, on trouve, à gauche, le trône de la czarine, à droite celui des Patriarches ; enfin, près de la porte nord, un ancien trône du czar, en noyer noir datant d'Ivan III Wassiievitch.

L'iconostase, mot qui signifie porte-image, est, dans les églises russes, une paroi dressée au-devant du sanctuaire et sur laquelle est fixé un grand nombre d'images religieuses. Elles sont ici disposées sur cinq rangs, faites en vermeil, décorées de pierreries. D'après les explications de « Sa Haute Éminence le métropolite Philarète », cet iconostase est fait en l'honneur de l'Assomption de la Vierge ; l'idée de l'Église œcuménique s'y reflète dans toute sa plénitude. Trois portes y sont percées. A droite de la porte principale on voit l'image du Sauveur ; cette peinture, attribuée à l'empereur grec Manuel, daterait de 1143 ; jusqu'en 1478 elle se trouvait dans l'église Sainte-Sophie de Novgorod. A gauche de la même porte on voit la Vierge de Korssoun de Wladimir. Cette image, très célèbre, est attribuée à l'évangéliste saint Luc. Primitivement à Constantinople, portée à Kiew en 1154, à Moscou en 1395, on la plaça au Kremlin comme un palladium, à l'époque du farouche Timour, qui recula devant son exhibition. La Vierge est ornée d'un solitaire évalué à plus de cent mille francs. Le massif d'orfèvrerie qui l'encadre a coûté deux ou trois fois cette somme. « Sans doute, dit Théophile Gautier, ce luxe semblerait un peu barbare à un goût délicat, plus épris de la beauté que de la richesse, mais on ne peut nier que ces entassements d'or, de diamants et de perles, ne produisent un effet religieux et splendide. Ces vierges dont l'écrin est mieux garni que celui des reines et des impératrices, imposent à la piété naïve. Elles prennent dans l'ombre, à la vague clarté des lampes un rayonnement surnaturel. Leurs couronnes de diamants scintillent comme des couronnes d'étoiles. »

Du centre de la voûte descend un immense lustre d'argent massif d'un beau travail et de forme circulaire, auquel s'adaptent quarante-six branches.

La rangée inférieure représente l'idée de l'église primitive jusqu'à Moïse et l'union de cette église avec le Nouveau Testament ; on y a représenté une suite de Pères. Le rang d'au-dessus figure l'Église de l'Ancien Testament, ayant au milieu l'apparition de la Vierge. La troisième rangée représente les douze fêtes principales de l'année. La quatrième est un tableau de l'Église chrétienne. La cinquième renferme les images qu'on pose habituellement sur les iconostases et qui sont en harmonie avec les idées religieuses ou les événements en mémoire desquels le monument a été construit.

Le sanctuaire. Le relief que l'on voit en avant est un don de Potemkin : c'est le mont Sinaï, en or pur, surmonté d'un Moïse, tout en or, et tenant les Tables de la Loi ; une caverne renferme un cercueil en or destiné à conserver l'hostie. Au fond du sanctuaire se dresse le trône du métropolite de Moscou ; sur les parois des murs on a peint les patriarches et les Pères de l'Église.

A gauche du sanctuaire principal on trouve la chapelle dédiée aux saints Pierre et Paul, le sarcophage du premier métropolitain de Moscou, saint Pierre, mort en 1325, et celui du métropolitain saint Théognoste. On garde des reliques dans une armoire.

Si nous passons de l'autre côté, à droite du sanctuaire principal, nous pénétrons dans la chapelle où se trouve l'autel dédié à saint Démétrius de Thessalonique. C'est ici qu'on assassina, en 1547, Ioury Glinsky, grand-père d'Ivan le Terrible.

Près de là, mais en dehors du sanctuaire, on trouve la tombe en argent du métropolitain saint Philippe, condamné en 1568 à la prison perpétuelle, sur l'instigation d'Ivan le Terrible.

Deux escaliers occupent cet angle de la cathédrale de l'Assomption. L'un conduit à la chapelle de la bienheureuse Marie ; on y faisait jadis le choix des patriarches. L'autre escalier mène à la *Sacristie* qui contient les reliques et curiosités de l'église : un évangéliaire donné par Nathalie Naryschkine, mère de Pierre le Grand ; d'autres écrits de la main de czarines, des manuscrits de Pierre Ier, nombre d'objets de culte d'un intérêt historique ; une belle coupe, travail italien du XVIe siècle, en jaspe, or et émail, sert à renfermer l'huile lors du couronnement des czars; la croix portée par Pierre Ier pendant la bataille de Poltawa.

La cathédrale Saint-Michel ou des Saints-Archanges, fondée en 1333, en commémoration de la délivrance de la Russie de la famine; le sanctuaire fut rebâti sous le règne de Vasili Ivanovitch (1505-1534) par l'architecte milanais Alevisio Novi, de 1505 à 1509, puis restaurée en 1772 et 1812. Ivan Kalita y désigna l'endroit où il voulait être enterré; depuis lors et jusqu'à Pierre le Grand les souverains russes y furent inhumés. La façade de cette cathédrale est à quelques pas de l'église de l'Assomption; on y retrouve la même disposition. Mais les peintures ne sont plus sur « fond d'or et ont plus l'air de fresques que de mosaïques. Elles représentent des scènes du jugement dernier, et les portraits à mine hautaine et rébarbative des anciens czars russes. C'est là que se trouvent leurs tombeaux, couverts de cachemires et de riches étoffes comme les turbés des sultans de Constantinople. Cela est sobre, simple et sévère... L'art y perd sans doute, mais l'impression religieuse y gagne. »

L'église, peinte en 1680 et 1681 par Iermolaiew, fut repeinte en 1743 et 1772. Dans la chapelle de saint Jean-Baptiste un drap noir recouvre le sarcophage d'Ivan le Terrible; ce qui signifie qu'il mourut moine. Les usurpateurs comme Boris Godounow et Dimitri ont été exclus; on a mis dans une chapelle indépendante la tombe de Wassili Schoouïsky. On a placé dans de petites divisions les cercueils des saints : celui de saint Michel Wsewolodowitch (1246), précieusement orné par Catherine (1774).

On remarque aussi le cercueil de saint Dimitri Ouglitzky, dont les os furent rapportés en 1630 à Moscou. Aux jours de fête on ouvre son cercueil. Son portrait et des objets lui ayant appartenu se trouvent au-dessus, sur le pilier.

Le trésor de la cathédrale Saint-Michel n'est pas toujours visible. On y conserve de grandes richesses, notamment une couverture d'évangéliaire faite au XVIe siècle avec des émaux du Xe et du XIIe siècle.

La **cathédrale de Blagoviechtothenky** ou **cathédrale de l'Annonciation**, construite en bois en 1291 sous André III, rebâtie en 1489 sous Ivan III, fut achevée en 1507 par l'architecte milanais Alevizo. Brûlée en 1547, elle fut reconstruite en 1554 sous Ivan le Terrible et restaurée en 1863-1867. Par son style elle se rapproche des églises du mont Athos ou de l'église de Kertch, qui date du Xe siècle. Les neuf coupoles de ce monument dominent le Kremlin, au point culminant duquel il s'élève, et d'immenses fresques couvrent ses murs. La

L'église Saint-Michel au Kremlin.

Photographie inédite d'Alfred Normand, membre de l'Institut.

coupole centrale porte une croix d'or; son toit est doré; elle a un escalier ouvert et une galerie cruciforme. Un auvent protège une peinture très curieuse et très rare : elle représente l'ange Gabriel apparaissant à la Vierge pour lui annoncer que le Fils de Dieu naîtra d'elle. L'entrevue a lieu près d'un puits. D'après une tradition de l'église grecque c'est plus tard, après son humble acquiescement aux volontés du Seigneur, que la sainte Vierge aurait été visitée dans sa chambre par le Saint-Esprit. Un escalier couvert conduit à la porte d'entrée, surmontée des images du Sauveur et du diable. On pénètre dans un passage décoré de fresques des XVe et XVIe siècles, restaurées en 1882. Une des portes à bas-reliefs en bronze est semblable aux portes de Korsoun à l'église sainte Sophie de Novgorod. Le sol de l'église est couvert d'agates et de jaspes, présent fait par le shah de Perse au czar Alexis. Selon Karamzine, ces carreaux avaient été enlevés des cathédrales de Rostof et de Souzdal; la tradition dit qu'ils y avaient été apportés de Constantinople. L'église est riche en reliques placées dans des cercueils. Le siège des anciens czars est de bois recouvert d'argent doré; il est petit et étroit. Aujourd'hui les czars se tiennent à côté sur le pavé d'agates rapportées de Grèce. Les croix d'or ou d'argent, enrichies de pierreries que les czars portaient autrefois sur la poitrine, sont attachées aux piliers.

On révère beaucoup l'image du Sauveur peinte au XIVe siècle; elle est proche de la porte d'argent menant au sanctuaire; une autre œuvre célèbre est l'image de la Mère de Dieu fixée par Dimitri Donskoï sur son drapeau, pendant la bataille de Koulikovo (1380) et qui protégea aussi Boris Godounov dans les batailles tartares qui eurent lieu sous Moscou en 1591.

Le **Grand Palais du Kremlin** ou **Palais Neuf** sert de résidence au czar. La visite est permise, en l'absence du czar, de onze heures à trois heures. Les billets d'entrée se délivrent gratuitement au bureau de police. Le dimanche et les jours de fête on entre sans billet de midi à deux heures; il est alors fréquenté par le populaire.

Ce palais, long de 121 mètres, profond de 128 mètres, occupe la place des anciens palais de bois et de pierre qui s'y sont succédé et dont les palais de granit et de Terem sont les seuls restes. En 1749 la czarine confia au comte Bastrelli le soin d'y élever un nouveau palais, habité par Napoléon Ier en 1812. Il fut brûlé pendant l'occupation française. Nicolas Ier fit commencer en 1838 par l'architecte Const. Thon le palais actuel, achevé en 1849; son prix de revient s'élève à

12 millions de roubles. Le 3 avril 1849 le czar et sa famille reçurent du peuple le sel et le pain, suivant les traditions russes.

On pénètre dans le Palais-Neuf par un escalier d'un développement monumental, comptant soixante-six marches et cinq paliers. Il est orné d'un tableau d'Yvon : « La Bataille de Koulikorski », conduite par le czar Dimitri contre les Tartares (1850). D'un petit vestibule on passe dans la *salle Saint-Georges*, la plus vaste du palais; elle est longue de 61 mètres, large de 21, haute de 17, ornée de 18 colonnes; leurs chapiteaux sont ornés de Victoires accompagnées d'écussons portant les armes de provinces conquises. Les murs sont décorés de plaques de marbre sur lesquelles resplendissent, gravés en lettres dorées, les noms et la date de fondation des régiments qui se sont illustrés dans les luttes russes; on a inscrit aussi les noms des chevaliers de Saint-Georges, l'ordre le plus élevé qui soit accordé pour les services militaires. Le livre de l'Ordre, et ses statuts sont enfermés dans deux coffrets dorés posés sur un socle en marbre blanc. A côté un groupe en argent figure les chefs de cosaques Platov et Iermak, conquérants de la Sibérie; c'est un cadeau du régiment des cosaques du Don.

La salle suivante, dite *Salle d'Alexandre*, doit son nom à l'ordre fondé par Catherine en 1725. Le parquet est composé de plus de vingt natures diverses de bois. La salle tendue de rouge et or, décorée de six tableaux représentant des scènes de la vie de saint Alexandre Newsky, dues au professeur Müller. Aux jours de fête la salle d'Alexandre est éclairée par 4500 becs; elle a 21 mètres de haut, autant de large, et 31 mètres de long.

La Salle du Trône ou *Salle Saint-André* doit son nom à l'Ordre fondé en 1697 par Pierre le Grand. Cette salle, bleu et or, mesure 49 mètres de long, 21 de large, 18 de haut. Au-dessus du trône impérial, en or massif, on voit un aigle aux ailes déployées, et un œil entouré de rayons, comme celui du Père Éternel dans les églises. Les armes des Ordres impériaux décorent les murs.

La *Salle Sainte Catherine* doit son nom à l'Ordre fondé en 1714 et qui n'est composé que de dames. La czarine, qui a son trône dans cette pièce, est la grande-maîtresse de l'Ordre.

« Après son couronnement, dit Tissot, pour se conformer à une vieille coutume, le czar donne au Palais-Neuf un grand bal populaire appelé « mascarade ». Toutes les classes de la société, les nobles comme les moujiks, sont admis ce soir-là dans ces salles et ces salons brillamment illuminés. Aux fêtes du sacre d'Alexandre II, plus de vingt mille personnes circulèrent sous les yeux du couple impérial et de la cour. »

Ces salles sont séparées par des portes de cuivre doré et ciselé, véritables merveilles de l'orfèvrerie russe.

On se trouve ensuite dans des pièces réservées aux dames de la

Bonnet de Czar.

cour; puis vient la *chapelle de la naissance de la Vierge*, fondée en 1393, rebâtie en 1514 par l'architecte italien Alevirio.

A gauche on entre dans le jardin d'hiver, qui forme pont au-dessus de la rue des Commandants. Il conduit dans l'aile réservée aux *appartements du Grand-Duc héritier;* on y voit sept tables en argent, quatre tapisseries des Gobelins figurant les scènes de Don Quichotte. La chambre à coucher est décorée des quatre Saisons d'après Thorwaldsen, et une galerie de tableaux; six de ces peintures, dues à Bacciarelli, proviennent de Varsovie.

Dans une aile spéciale dite **Salle d'armes**, se trouve le **trésor**. Il est enfermé derrière des portes de bronze, dans une construction moderne qui s'élève en la place de la maison habitée jadis par Boris Godounof, avant qu'il fût élu czar.

On y conserve les richesses de la famille impériale et les diamants de la couronne installés ici de cette façon par Nicolas Ier en 1849-1851. Théophile Gautier s'exprimait ainsi :

« Le trésor du calife Haroun-al-Raschid, les puits d'Aboul-Kasem, la voûte Verte de Dresde, réunis ensemble, ne présenteraient pas un tel amoncellement de merveilles, et ici la valeur historique vient encore s'ajouter à la valeur matérielle. Là scintillent, rayonnent, lancent des éclairs prismatiques et de folles bluettes, les diamants, les saphirs, les rubis, les émeraudes, toutes les pierres précieuses que la nature avare cache au fond de ses mines et qui sont prodiguées comme si elles n'étaient que du verre. Elles constellent les couronnes, mettent des points de lumière au bout des sceptres, roulent en pluie étincelante sur les insignes de l'empire, forment des arabesques et des chiffres laissant à peine voir l'or qui les enchâsse ! L'œil est ébloui, et la raison ose à peine supputer les sommes que représentent ces magnificences. Essayer de décrire cet écrin prodigieux serait une folie. Un livre n'y suffirait pas.

Il faut se contenter de citer quelques-unes des pièces les plus remarquables. Nous engageons les personnes qui s'intéressent aux arts à recourir au catalogue spécial. Une des plus anciennes couronnes est celle de Vladimir, dite à tort de Monomaque : « présent de l'empereur Alexis Commène. Elle fut apportée de Constantinople à Kief par une ambassade grecque, en 1116. Outre le souvenir historique qui s'y rattache, c'est une œuvre d'un goût exquis. Sur un fond de filigranes d'or s'incrustent des perles et des pierres précieuses disposées avec une admirable entente de l'ornementation. Les couronnes de Kazan et d'Astrakan, d'un goût oriental, l'une semée de turquoises, l'autre surmontée d'une énorme émeraude brute, sont des joyaux à désespérer l'art des orfèvres modernes. La couronne de Sibérie est en drap d'or; elle a, comme toutes les autres, la croix grecque à son sommet, et, comme elles, elle est étoilée de diamants, de saphirs et de perles. » Le sceptre d'or faussement attribué à Vladimir Monomaque, long d'un mètre, compte deux cent soixante-huit diamants, trois cent soixante rubis et quinze émeraudes. Les émaux qui recouvrent la place laissée libre par les pierreries représentent des sujets religieux traités dans le style byzantin ; c'est un présent de l'empereur Alexis Commène, qui appartint probablement à Ivan III; puis « ce reliquaire en forme de croix contenant un fragment de pierre du tombeau de Notre-Seigneur et un morceau de son gibet. Une cassette d'or rugueuse en pierreries contient ce trésor. Un joyau curieux est la chaîne du premier des Romanof, dont chaque anneau porte gravé à la suite d'une prière un des titres de ce czar. Il y en a quatre-vingt-dix-neuf. Nous ne pouvons nous arrêter aux trônes, aux globes, aux sceptres, aux couronnes des différents règnes, mais nous remarquerons que, si la richesse est toujours la même, la pureté du goût et la beauté du travail diminuent à mesure qu'on approche de l'époque moderne. » Dans la troisième salle : « Une chose non moins merveilleuse mais plus accessible à la description, c'est la salle des vaisselles d'or et d'argent. Autour des piliers s'étagent des crédences circulaires en forme de dressoirs supportant tout un monde de vases, de pots, d'aiguières, de flacons, de vidrecomes, de hanaps, de bocaux, de cruches, de puisoirs, de barillets, de coupes, de chopes, de tasses, de timbales, de gobelets, de buires, de pintes, de fiasques, de gourdes, d'amphores, et de tout ce qui est relatif à la *Beuverie*, comme disait maître Rabelais en son langage pantagruélique. Derrière ces orfèvreries étincellent des plats d'or et de vermeil, grands comme ceux où les Burgraves de Victor Hugo faisaient servir des bœufs entiers. Chaque pot est coiffé de son nimbe. Et quels pots! Il y en a qui n'ont pas moins de trois ou quatre pieds de hauteur et ne sauraient être soulevés que par le poing d'un titan. Quelle énorme dépense d'imagination dans cette variété de vaisselle! Toutes les formes capables de contenir une boisson, vin, hydromel, bière, kivas, eau-de-vie, semblent avoir été épuisées. Et quel goût riche, fantasque, grotesque, dans l'ornementation de ces vases d'or, d'argent ou de vermeil! Tantôt ce sont des bacchanales à figures joufflues et réjouies, dansant autour de la panse d'un pot, tantôt des feuillages entremêlés d'animaux et de chasses, d'autres fois des dragons s'enroulant aux anses, ou bien des médailles antiques incrustées dans les flancs d'un hanap, un triomphe romain défilant avec ses buccins et ses enseignes, les Hébreux portant la grappe de la terre promise en costume hollandais, une nudité mythologique contemplée par des satyres à travers des arabesques touffues. Au caprice de l'artiste, les vases affectent les formes bestiales, s'épatent en ours, s'allongent en cigognes, battent des ailes en aigles, se rengorgent en canards ou couchent sur leur dos les ramures d'un cerf. Plus loin le drageoir se creuse en navire, arrondit ses voiles, découpe ses pavillons et laisse prendre les épices dont il est rempli par les écoutilles. Toutes les chimères possibles de l'orfèvrerie se trouvent réalisées dans ce prodigieux dressoir. » (Th. Gautier.)

Beaucoup de pièces qui sont allemandes se font plus remarquer par leur grandeur que par leur valeur artistique.

Les trônes sont constellés de pierreries; celui du czar Boris Godounof en compte 2254; celui du czar Alexis Michaïlovich a 876 diamants et 1223 rubis. La couronne de la czarine Anne Ivanovna a 2500 diamants et nombre de rubis; le plus gros au-dessus de la croix vaut à lui seul 60000 roubles, selon un livre qu'on attribue à S. A. le gouverneur Dolgoroukof.

La seconde salle renferme des armures de divers pays et remontant à toutes les époques. « Les casques circassiens, les cottes de mailles historiées de versets du Coran, les boucliers à bosses de filigrane, les cimeterres, les kandjars aux manches de jade, aux fourreaux orhés de pierreries, toutes ces armes d'Orient qui sont en même temps des joyaux y brillent parmi l'arsenal le plus sévère de l'Occident. »

L'église du **Saint-Sauveur dans la Forêt** ou de **Spass na borou**, enclavée dans le Palais-Neuf, est la plus ancienne construction de Moscou, le prototype de toutes les églises du rite grec. Le Kremlin était encore un monticule couvert de forêts, quand on construisit en bois de chêne ce sanctuaire du XIIIe siècle, refait en pierre (1330) par Ivan Danilovitch Kalita. La vie de saint Étienne de Perme est figurée à fresque sur les murs. Elle est construite en lourdes briques reliées par des crampons de fer; elle porte le cachet du style byzantin accommodé déjà au goût et aux habitudes russes. On trouve ici les tombes de plusieurs grandes duchesses de Moscou et celle d'Ivan, fils de Dimitri.

Revenons sur nos pas du côté de la salle Saint-Georges. La *salle de Wladimir*, du nom de l'ordre fondé en 1782 par Catherine II, est proche de la *chambre dorée*, située sous l'église du Sauveur. Selon les uns cette pièce fut construite en 1451 par le métropolitain Jonas; selon d'autres elle remonte au XVIe siècle. Ouverte derrière une grille dorée, elle servit de chambre d'audience aux patriarches et à la czarine depuis Ivan III. Aujourd'hui on offre dans cette pièce le dîner du corps diplomatique au jour du couronnement; le czar y assiste.

Cette pièce constitue tout le **Palais à facettes** construit en pierre (1491) sous Ivan III selon les uns, par les architectes italiens Marco Rouffo et P. Antonio; selon les autres par les Friazine, Pierre, Antoine et Marc; incendié en 1547, 1571, 1626, 1737, il fut restauré par Nicolas Ier. La salle a été rétablie dans l'état où elle se trouvait en 1590; les murs sont peints comme à l'époque de Féodor Ivanovitch; ces fresques figurent des scènes de l'Ancien Testament, symbolisant les mérites des grands-ducs et des czars.

Au-dessus d'une porte on voit la lucarne ou « tainik », par laquelle les princesses du sang regardaient les ambassadeurs étrangers et assistaient, invisibles, aux fêtes des boyars. On voit aussi la fenêtre « donnant sur la cour du palais et par laquelle on descendait chaque matin la petite cassette dans laquelle le peuple pouvait déposer ses suppliques et ses pétitions. Le czar ouvrait lui-même cette petite boîte aux lettres de la poste impériale (Tissot). »

La *chambre dorée* occupe « tout l'intérieur du **Palais à facettes (Granovitaïa Palata)**, ainsi nommée sans doute à cause de son revêtement taillé en pointes de diamants. Le Palais à facettes confine au vieux palais des czars. Les voûtes d'or de cette salle retombent sur un pilier central par des arcatures surbaissées, dont d'épaisses barres de fer dorées, allant d'un arc à l'autre, empêchent l'écartement. Quelques peintures font çà et là des taches sombres sur la fauve splendeur du fond. Sur le cordon des arcades courent des légendes en vieilles lettres slavonnes, magnifique caractère qui se prête aussi bien à l'ornement des édifices que l'arabe cufique. On ne saurait imaginer une décoration plus riche, plus mystérieuse, plus sombre et plus éclatante à la fois que celle de la chambre dorée. »

Les peintures exécutées sous Nicolas Ier représentent sainte Hélène à la recherche de la croix, et des scènes de la vie de sainte Olga.

« Certaines salles voûtées du vieux palais sont si basses, qu'un homme de taille un peu au-dessous de la moyenne peut à peine s'y tenir debout. C'était là que, dans une atmosphère surchauffée par les poêles, les femmes accroupies à l'orientale sur des piles de carreaux, passaient les longues heures de l'hiver russe à regarder, à travers les petites fenêtres, la neige scintiller sur l'or des coupoles et les corbeaux décrire leurs larges spirales autour des clochers (Th. Gautier). »

L'**Escalier rouge**, dit aussi Escalier des Lions; c'est par ici que passe l'empereur quand il va se faire couronner à l'église de l'Assomption. Ivan le Terrible recevait ici les messagers de mauvaises nouvelles et les clouait au sol en faisant passer un fer au travers de leur pied. Les Strelitz tuèrent ici, en 1682, les fidèles serviteurs du czar, Malweiew, Naryschkin et soixante-neuf autres.

L'escalier était couvert jadis d'un toit pointu et peint; Wassily Golizyn y substitua un toit en cuivre doré; depuis l'incendie de 1737 l'escalier demeure découvert.

Le **Palais du Térem,** c'est-à-dire du **Belvédère**, comprend deux étages inférieurs dits Masterskaia Palata, actuellement magasins, et deux étages supérieurs qui constituent le véritable palais du Belvédère; ces deux derniers furent élevés, en 1636, par Michel Feodorovitch pour ses fils, et furent habités par les czars Féodor et Alexis. On y trouve une suite de petites pièces basses et anciennes, restaurées en 1836-1840, et offrant la disposition dans laquelle elles se trouvaient à la mort de Feodor en 1682. On montre une grande pièce qui est celle où vécut Pierre le Grand avant son premier voyage; son fils Alexis l'occupa aussi. — Du haut de la galerie on a une vue splendide sur la ville.

On entre ensuite dans la **chapelle du Sauveur à la grille d'or**, ou **Vercko-Spaski**, nom que lui vaut la grille fondue en cuivre (1670) établie par les empereurs Alexandre et Nicolas de la façon la plus splendide. Douze petites coupoles surmontent l'édifice où sont conservées les reliques de saint Étienne de Perme. L'église actuelle, bâtie en 1634 sous le czar Michel Féodorovitch, est revêtue à l'extérieur de faïences à ornements en relief et de couleur (tsénina); ce genre de faïence avait pris un grand développement en Russie dès le XVIe siècle.

Le **Palais de Plaisance** ou **Poteschny-Dworez** est adossé au mur occidental du Kremlin, près de la porte Troizky. Reconstruit par Feodor Alexeiewitsch pour l'usage de ses sœurs, ce palais se reconnaît à la couleur verte dont il est peint. Il occupe la place de la vieille maison de Miloslawsky; il tomba entre les mains de la famille impériale par le mariage du czar Alexis Michailowitsch avec Marie Ilitschana Miloslawskaia (1648); Pierre le Grand y aurait reçu son éducation dans une chambre tapissée d'images instructives, et sous la direction de Sotow. C'est dans ce palais que fut installé le plus ancien théâtre de la cour russe, dirigé par le boyard Artamon Matweiew.

Devant la **caserne du Kremlin** on remarque parmi de vieilles pièces le « czar-pouchka », c'est-à-dire le roi des canons. Ce canon monstre, placé sur un piédestal de bronze ciselé fut fondu en 1586, sous Féodor Ier Ivanovitch par André Tchochow. Il a 5 mètres de long, pèse 40000 kilogrammes. On peut placer, dans cet engin formidable, une table de un mètre avec quatre chaises; quatre personnes peuvent s'y asseoir. Il faisait dire à Herzen : « Moscou est surtout célèbre par sa cloche qui ne sonne pas, et par son canon qui ne tire pas. » La caserne s'élève sur une partie du vieux palais en bois du czar Boris Godounow.

L'**Arsenal** est bâti sur le modèle de celui de Venise ; une inscription indique que les 875 pièces de canon, qu'on voit sur sa façade, ont été prises en 1812 ; 365 sont françaises, 189 autrichiennes, 123 prussiennes, 70 italiennes. L'entrée des magasins d'armes est interdite. L'arsenal fut fondé à Moscou en 1473 et dès lors on se mit à fondre des canons et des cloches.

Le **bâtiment synodal** renferme : 1° l'*église des Douze-Apôtres*, où l'on voit une image de saint Pierre et saint Paul, du XII° siècle. 2° Le *Myrovarennaia Palata*, célèbre par sa cérémonie des jours de fête ; 3° *L'église de l'Apôtre Saint-Philippe* où l'on conserve un morceau de bois de la vraie croix ; 4° La *Bibliothèque des patriarches* renfermant des manuscrits remontant au VII° siècle; 5° *Un trésor* renfermant des objets du culte, des reliques fort anciennes, la vaisselle usuelle des patriarches, et un certain nombre de pièces d'origine allemande.

Le **monastère du Saint-Miracle** ou **Tchoudof** est encore désigné comme le **Couvent du Métropole** bien que ce saint personnage ait cessé d'y séjourner. Fondé en 1365 par le métropolitain Alexis, il fut brûlé plusieurs fois.

A l'entrée du couvent on remarque une singulière image qui, vue de face représente Dieu ; vue de gauche elle laisse reconnaître le Christ ; en la regardant à droite on voit le Saint-Esprit. Dans l'église « des trophées de guerre, écrit Tissot, sont suspendus à ses piliers qui s'allongent en longues files, comme les arbres d'une forêt éclairée par le crépuscule ». Des drapeaux enlevés aux Persans pendent aux murs ; et des trousseaux de clefs rouillées rappellent des villes qui se sont livrées sans combat. La porte sainte de l'iconostase est un splendide travail d'orfèvrerie byzantine en argent massif. Dans la profondeur mystique de ses ombres, aux lueurs discrètes et douces des cierges et des grandes lampes d'or aux reflets effacés, cette porte ressemble à la porte céleste qui s'ouvre devant les âmes admises aux récompenses glorieuses de l'autre vie. Dans ses jours d'angoisse et de remords Ivan le terrible venait prier sous les voûtes sombres et silencieuses du Tchoudof.

« Sous le règne de Boris Godounof, qui avait fait assassiner Dmitri pour s'assurer le pouvoir, vivait au couvent du Miracle un jeune moine nommé Grigori Otrépief. Il s'enfuit un jour de ce monastère, jeta le froc aux orties, s'enrôla parmi les Cosaques Zaporogues, et se fit passer pour le czarévitch Dmitri, échappé, disait-il, aux assassins envoyés pour le tuer. On avait enseveli un autre enfant à sa place. Le faux Dmitri, appuyé par les Cosaques, marcha sur Moscou et fut proclamé czar. Mais l'ancien moine du Kremlin ne tarda pas à perdre l'affection du peuple et des boïars ».

. . . .

Un mois après son entrée au palais du Térem, on exposait le cadavre d'Otrépief sur la place Rouge avec un masque de bouffon sur le visage. De ses cendres on chargea un canon.

Le couvent de Tchoudof renferme : 1° l'*église Saint-Alexis* (1483) où depuis 1686, se trouve le cercueil miraculeux du saint; 2° l'*église Saint-Michel*, souvent restaurée depuis sa construction en 1365; 3° le *trésor* près duquel une petite pièce renferme des drapeaux persans.

Le **Palais du Sénat**, construit sous Catherine II, en 1776-1787, par Kasakof fut restauré en 1812 et 1866, terminé par une coupole. A l'intérieur, dans la salle ronde, des bas-reliefs célèbrent les actions de Catherine II.

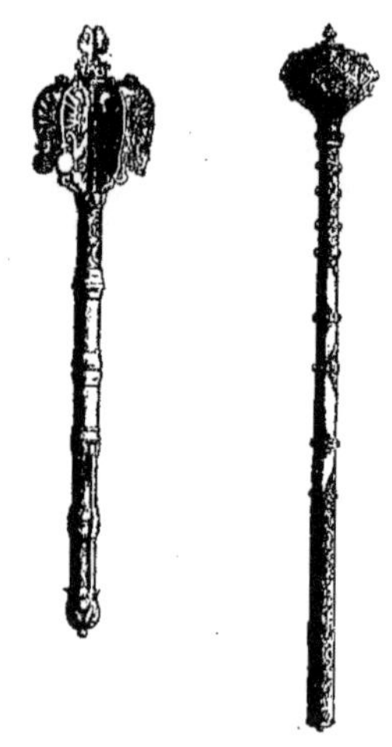

DEUXIÈME PROMENADE

II. — La ville chinoise ou Kitai Gorod (ville du Refuge) actuellement le 1er arrondissement (tchaste) nommé Gorodskaia.

Après avoir visité le noyau de Moscou, nous allons parcourir le quartier qui le premier se forma autour du Kremlin. Son nom de ville chinoise lui vient du pays d'origine des marchandises qu'on y vendait. Aujourd'hui encore c'est le centre du commerce concentré dans le **Bazar nommé Riady**, ou **les lignes**, étroits passages couverts concurrents du type banal de marché en fer et pierre. Certaines parties du bazar se nomment aussi **Gostinoï-dvor** ou **Cour des Étrangers**. Les trois artères principales du quartier de **Gorodskaia** coupent cet enchevêtrement de ruelles, ayant chacune sa spécialité. On peut s'y procurer des marchandises de tous genres, de toutes qualités, à condition d'être prudents, d'offrir la moitié du prix demandé. Ces habitudes, que nous avons vu partout pratiquer en Orient, aux cataractes du Nil comme en Asie Mineure et à Constantinople, sont d'usage reçu. Le marchand vous « dira, conte Tissot, qu'il se ruine à vendre si bon marché, mais c'est en vendant ainsi qu'il s'enrichit. Les marchands qui gagnent 100 000 francs par an à se ruiner chaque jour ne sont pas rares dans le Gostinoï-dvor » ; à côté de chaque marchand on voit sa « planche à calcul » ou à boules. A chaque carrefour des madones raides et archaïques, à côté des produits de toutes les parties de l'immense empire russe. Une des rues les plus curieuses est celle des marchands d'images saintes (icones, bogs, panagiæ), dont certaines sont du plus grand prix. On dirait partout des images archaïques, car on les peint, aujourd'hui encore, suivant les tracés dont la tradition byzantine est conservée au mont Athos, et dont les règles nous ont été révélées par Didron. Une partie des marchands est elle-même restée fidèle aux vieilles traditions familiales, costumes et idées, tandis qu'une autre classe s'est modelée sur l'Europe. Quand on traite avec un marchand en gros, le maître de la boutique l'invite à prendre le thé au restaurant ou *traktir*, car rien ne se conclut sans une tasse de thé, c'est-à-dire sans vider cinq ou six théières dans le traktir préféré, souvent fort éloigné du bazar. Le marchand vieux type ferme son magasin à trois ou quatre heures en hiver, car il est défendu d'avoir de la lumière dans le Gostinoï-dvor. La vente de spiritueux y est interdite aussi; mais on peut goûter des mets et des boissons nationales telles que le « kisly-stchi » boisson rafraîchissante qui pétille comme de la limonade.

Non loin du bazar dans la rue Varvarka on trouve le **palais Romanof** où naquit le czar Michel Féodorovitch, chef de la maison régnante; c'est le monument le plus ancien d'architecture civile du quartier de Kitaï-Gorod; c'est le seul modèle des maisons de boyards. Il nous fait connaître la vie des grands personnages du XIVe siècle. Son mobilier est à lui seul un musée.

La façade sur la Varvarka n'a qu'un étage; on en trouve quatre du côté de la façade sud et sur la cour; cette dernière est plus richement ornée. L'entrée principale est sur la cour suivant la coutume ancienne.

Cette maison faillit disparaître grâce au ridicule système des outranciers de la ligne droite, cette plaie de tous pays, qui ont détruit tant de chefs-d'œuvre ou de souvenirs. En 1821, il fut décidé qu'on démolirait ce curieux spécimen de la vie privée d'autrefois, et ce berceau d'une glorieuse dynastie. Heureusement S. H. E. l'archevêque Philarète obtint qu'en dépit de l'alignement rectifié (!) de la rue Varvarka le monument fût conservé. Tout le monde lui en sait gré aujourd'hui, surtout les étrangers instruits. Le palais demeura en l'état jusqu'au jour de sa restauration, ordonnée par Alexandre II; elle fut conduite du 26 août 1856 à 1859 par l'architecte Richter. Une inscription commémorative est placée du côté oriental, à l'étage du milieu, dans une niche, sous un balcon suspendu (gliadelnia) que surmonte un écusson aux armes de la famille Romanof.

Les caves, glacières et l'étage inférieur furent probablement bâtis au XVe siècle, en un grès vert nommé béloï-kamène. Cette pierre se tire des environs de Moscou, si l'on en croit les indications de M. Valerien Kyprianof.

A cet étage inférieur un escalier en pierre permettait de descendre à la cave (médoucha). Un autre escalier conduit de la cuisine dans la

L'église Saint-Basile sur la place Rouge.

Photographie inédite d'Alfred Normand, membre de l'Institut.

glacière (povarnia) qui est à côté de la cave. Les caves sont éclairées par deux fenêtres percées au-dessous des piédroits des voûtes en anse de panier. Le rez-de-chaussée (podkète) renferme la cuisine et les communs; il est en briques comme l'étage du milieu; plusieurs sont aux armes du czar Iwan Wassiliévitch. Un escalier extérieur, accosté de deux lions tenant les armes des Romanof, permet d'y accéder. On y trouve la chambre pour les servantes et les enfants, une chapelle, un oratoire (krestovana) et un salon. On y priait, on y festinait aux jours de fêtes de famille, naissances, noces ou morts. La voûte d'arête gothique est décorée d'ornements tirés des patentes délivrées par le czar Mickel Fédorovitch. Une fenêtre, sur la cour, est à carreaux de mica. A droite de la porte, images saintes d'une époque reculée; sur une étagère la vaisselle de famille. Une porte basse donne accès dans le salon ou boyarskaïa-homnata; des objets précieux sont cachés dans des placards; la pièce est surtout intéressante par l'antiquité et la rareté des objets qu'elle contient et par les accessoires de la vie de famille des boyards russes. Le poêle est remarquable; il est semblable à celui du couvent d'Ipatiew à Kostroma. Chaque brique porte une image et une inscription différentes. Au-dessus du troisième étage s'élève le grenier ou térem avec la tourelle ou vischka, le salon de réunion ou swetlitza, et avec le térem proprement dit ou chambre à coucher; cette partie de la construction est en charpente, avec meubles sur fond de drap d'or, les carreaux encadrés de châssis en fer et les poêles ornés. Le toit est en fer-blanc, couronné d'une plaque en cuivre ciselé à jour, et garni aux saillies de festons de cuivre. Des cheminées, des carreaux vernis (izrastsi) complètent la décoration extérieure. Le toit du pavillon, du côté occidental, est surmonté d'une girouette tenant un glaive et un bouclier, arme offensive et défensive du blason des Romanof.

En revenant par la rue Varwarka vers le Kremlin, on trouve sur la place Rouge l'église **Saint-Basile** ou **Vassili Blayenny**, consacrée à l'Intercession de la Vierge; elle offre un exemple frappant du style vraiment moscovite. Construite sous Ivan IV (1554) en souvenir de la prise de Kazan, le czar, quand l'église fut achevée, manda l'architecte et lui demanda s'il lui était possible de construire un monument plus magnifique. L'artiste répondit qu'il le pouvait encore. L'infortuné fut privé de la vue, puis mis à mort; c'est ainsi que Saint-Basile devint unique au monde. »

C'est l'église la plus fameuse, la plus extraordinaire de Moscou : dix-sept coupoles sont toutes différentes de forme, de couleur et de proportions; ce sont des boules, des pommes de pin, des ananas. Au bas, des deux côtés, un escalier couvert en toile verte, avec un toit en poivrière, donne accès aux onze chapelles de l'intérieur, enchevêtrement de couloirs étranglés et de chapelles mystérieuses. Dans ce labyrinthe on a enterré saint Basile. Près de là on trouve le **Lobnoïé Miésto**, sorte de tribune entourée d'une balustrade : ici on piquait les têtes; celle du faux Dimitri y fut exposée en 1606. On déposait ici les cercueils; on y proclamait les ukases des czars, on y disputait des choses théologiques; on y proclama, en 1613, le czar Michel Féodorovitch. Aux jours de fête le czar conduisait depuis ici jusqu'à la cathédrale de l'Assomption l'âne que montait le Patriarche.

Au milieu de la **place Krassnaïa ou Rouge**, la plus grande de Moscou (288 m. sur 160), on a élevé en 1818 un **monument à Minine et Pojarsky**; bronze par Martos. Le premier était un boucher de Nijni-Novgorod qui réveilla ses compatriotes de leur torpeur. A son appel une armée se forma; sous la conduite du prince Pojarsky elle chassa de Moscou, en 1612, les Polonais et Sigismond.

Au nord-ouest de la place Rouge on trouve le **Musée Historique** construit, en 1873-1885, sur les plans de Sherwood. Il renferme, en neuf salles, une suite d'intéressantes antiquités; dans le vestibule, arbres généalogiques des familles russes régnantes. Puis on trouve les objets des âges de pierre, du bronze, du fer. Des cartes, des moulages d'antiquités chrétiennes antérieures au xe siècle, des copies de peintures, des catacombes romaines et des mosaïques de Ravenne, des antiquités de Sibérie, de Chersonèse, du Caucase, antérieures au xie siècle, des objets de terre cuite, de bronze et d'or. Des ornements d'après des motifs puisés dans la cathédrale de Koutaïs et à l'église Sainte-Sophie de Novgorod et de Kiev. Une salle des antiquités gréco-scythiques est recouverte d'un plafond copié sur les tombeaux de Kertch. On trouve encore des antiquités de la vieille Russie, des moulages de sarcophages, des copies de mosaïques.

A côté du musée la **Chapelle de Notre-Dame d'Ibérie**, une des plus vénérées. Il est obligatoire de se signer et de baiser les pieds de l'Enfant Jésus; les guides conseillent de s'abstenir de cette visite plutôt que de froisser les habitudes. On y adore une copie, faite en 1648, de la Vierge miraculeuse du monastère ibérique au mont Athos. Parfois elle est remplacée par un double; la copie originale est, en effet, souvent menée en carrosse à six chevaux au domicile de ceux qui font appel à ses vertus et qui la récompensent par des dons proportionnés à leur fortune, de cinq à cent roubles.

TROISIÈME PROMENADE

III. — Le secteur nord-ouest.

Près de la gare on trouve l'**Arc de triomphe d'Alexandre Ier**, arc de triomphe à trois portes élevé en 1812 dans la façon romaine. A l'est de l'Arc la rue Tiösnaia mène à la Prison centrale des Déportés en Sibérie; elle est à un kilomètre de la gare. De l'Arc un tramway conduit, au nord-ouest, vers l'Exposition et le jardin de Petrovskoié, en suivant la chaussée de Saint-Pétersbourg. Napoléon, lors de l'incendie de Moscou, alla s'établir au château de Petrowskoié, à une lieue de Moscou, sur la route de Saint-Pétersbourg, au centre des cantonnements du prince Eugène. Il y demeura jusqu'à ce que la pluie eût arrêté l'incendie; le même tramway conduit (à l'angle du Kremlin), au sud-est, dans la rue Tverkaia, qui se prolonge jusqu'au centre de la ville.

Sur ce parcours on rencontre le **monument de Pouchkine**; la statue du poète, œuvre d'Opekouchinl, se dresse sur un socle de granit à l'angle du boulevard Tverskoï. En poursuivant son chemin vers le Kremlin, dans la rue Tverskaïa, on trouve à droite le palais du Gouverneur-général.

Revenant sur ses pas vers le monument de Pouchkin, on suit, vers l'est, le boulevard Strastnoi; le prolongement de la rue Tverskaia se nomme Malaïa Dmitrovka; on trouve dans cette rue l'**Exposition permanente des peintres vivants**, ouverte de 11 heures à 3 heures, et à l'extrémité de cette rue, distante de 1 kil. de la gare de Smolensk, on rencontre la **Prison centrale des Déportés en Sibérie**.

Si l'on reste au boulevard Strastnoi on rencontre le **Strastnoï**

Monastyr, couvent fondé en 1654, dont la tour offre un beau point de vue; derrière on trouve le premier lycée de jeunes filles; on trouve la **Typographie universitaire** à l'angle de la rue Dmitrovska, où sont le **conservatoire Théâtral**, le club des nobles, le club des marchands. Cette rue aboutit à la place du Théâtre; le **Grand Théâtre,** ouvert en 1824, a été rebâti en 1854 en style classique; il peut renfermer quatre mille spectateurs, le quadruple du **Petit Théâtre** qui se trouve en face et qui fut bâti en 1841. Au nord de cette salle de spectacle s'ouvre la rue Petrovka, un des principaux centres d'animation commerciale. A son intersection sur le boulevard on voit le couvent de **Vyssoko-Petrovski,** où sont de nombreuses tombes de familles nobles et six églises. Un peu plus loin, à droite, la **caserne de gendarmerie Petrovski;** à gauche l'hôpital Sainte-Catherine.

La rue prend alors le nom de Karetni Biad; on rencontre le **Séminaire,** on tourne au nord-est, et l'on arrive enfin à l'**Ermitage,** le jardin le plus fréquenté de Moscou en été; plus au nord sont bâtis l'école Catherine, l'hôpital Marie, l'école Alexandre.

D'ici on peut revenir au centre de la ville en revenant sur ses pas jusqu'au boulevard Sadovaïa où l'on prend le boulevard Fzvetnoï, orienté du nord au sud, l'un des plus beaux; il sert de marché aux fleurs; la rue Neglinny Proïesd qui le prolonge conduit à la place du Théâtre.

QUATRIÈME PROMENADE

IV. — Le Secteur Nord-Est

Première excursion. — De la place Loubianka (tramway), on entre dans la Malaïa (petite) Loubianka. On trouve l'**église Saint-Louis des Français** fondée en 1731. Prenant la rue parallèle de l'ouest ou Bochaia (grande) Loubianka, on suit le tramway au delà du boulevard Rosdestvensky, la rue prend le nom de Setrietenka jusqu'au second boulevard où l'on croise la **Place et le Réservoir Souharef**; il distribue aux fontaines de la ville 70 000 hectolitres de l'eau qu'élèvent de puissantes machines à vapeur; un aqueduc les amène de Mytistchi à Alexeievskoié. Ce monument fut fondé par Pierre le Grand (1695) en l'honneur du régiment de Souharef qui l'avait protégé pendant la lutte des Strélitz (1682). On donna à ce bâtiment des destinations successives jusqu'en 1829; époque de son aménagement en réservoir. On jouit d'un beau coup d'œil du haut des 65 mètres de sa tour octogonale en bois.

En poussant plus au nord sur son chemin on rencontre, à droite, le Jardin botanique.

Une 2e *Excursion* peut également avoir pour point de départ la Loubianka, en suivant une des lignes de tramway. Prenant, au sud-est, le boulevard Novaïa Staraia on trouve à gauche le **Musée Polytechnique**; il renferme des collections techniques sur les sciences pratiques. Arrivé à la porte Jliinski on tourne, vers le nord-est, pour entrer dans la rue Marosseïka; on suit le changement de direction du tramway pendant 500 mètres jusqu'à la rencontre des rues Armianski à gauche, et Cosmo-Diminanski à droite.

Dans cette seconde on trouve l'église luthérienne de Saint-Pierre et Saint-Paul, bâtie en 1817, accompagnée d'une école luthérienne allemande pour filles et garçons. Dans la première on voit le **mausolée Matveiéf,** mort en 1682, oncle et précepteur de la czarine Nathalie Naryschkine, la mère de Pierre le Grand. A côté se trouve l'**Institut Lazaref des langues orientales** fondé en 1815 par les pères de ce nom. L'extrémité nord de cette rue des Arméniens aboutit dans la rue Miasnitskaïa où nous trouvons le **Musée d'Art et d'Industrie**; fondé en 1868 il renferme des modèles d'architecture russe, de peinture, d'ornements, des manuscrits. Puis poursuivant vers le nord et dans la rue Mianisgaia nous rencontrons, à droite d'abord, le **Télégraphe,** puis la **Poste** qui occupe l'angle du boulevard ; le suivant au sud-est on trouve un étang au delà duquel nous entrons dans la rue Pokrovka pour y voir l'**Église de l'Ascension,** nommée aussi **Église-Rouge** à cause de ses briques.

Elle échappa en 1812 à l'incendie allumé par Rostoptchine. Bædeker, s'est trompé quand il annonce que l'admiration qu'elle inspira fut cause qu'elle fut préservée de l'incendie. L'écrivain allemand ignore que les Français firent tout leur possible pour préserver toutes les parties de Moscou de l'incendie allumé par Rostoptchine ; il n'a qu'à lire l'émouvant récit de Thiers, ou le livre du russe Artamof, pour corriger son texte.

Reprenant au nord la rue Pokrovka nous rencontrons le boulevard Sadovaïa que parcourt un tramway ; au sud, il passe devant la **Gare de Koursk** ; au nord, il conduit à la **Porte Rouge,** arc de Triomphe élevé par le corps des marchands l'année du couronnement de l'impératrice Élisabeth Petrovna (1742) ; une des lignes de tramway se dirigeant au nord, passe entre la **Gare de Riazan,** à droite, et les gares de **Nicolas** et de **Iaroslav** à gauche ; puis elle continue jusqu'au **Parc de Sokolniki.** Moins élégant que le parc de Petrovski il est plus étendu, divisé par des avenues, orné de maisons. Dans le rond-point ont lieu souvent, par les soirs d'été, des danses et des concerts ; c'est la « Nouvelle promenade » ou Novoié Goulanié. On peut en poussant à l'ouest gagner la « Vieille promenade » ou Staroié Goulanié, rendez-vous qui offre une occasion d'étudier le populaire russe, le dimanche et les jours de fête. On y joue de la musique et l'on y dîne.

Reprenons en sens inverse la ligne de tramway qui nous a conduit dans ce jardin jusqu'au couvent Alexis en face duquel s'ouvre au sud-est la rue Gavrilovski ; elle aboutit dans la rue Pokrovski, où passe un tramway. Nous le suivons vers le sud-ouest jusqu'à la rue Niametskaia, c'est-à-dire des Allemands, parce qu'ici se trouvait jadis le faubourg allemand; elle mène à l'**École technique impériale**, fondée en 1832 pour l'enseignement des sciences techniques. A côté, le **Château Lefortovski** bâti par Pierre le Grand, habité par des employés militaires. Dans le voisinage on trouve l'**Hôpital militaire**, le **Cimetière allemand**, enfin l'**École militaire**; bâti comme résidence d'été pour la czarine Anne Ivanovna, ce palais fut reconstruit en 1767 par l'architecte Rinaldi; suivons au sud la place des Cadets, tournons au nord en avant et contre la caserne Rouge, passons le pont du château, enfilons les rues Vosneseenskaïa, Tolmatchef, Gorochovaya; nous passons alors entre l'**Institut des géomètres** au sud et l'**église du saint martyr Nikita** fondée en 1517, rebâtie en 1751; nous y retrouvons le tramway qui ramène au sud vers le Kremlin.

CINQUIÈME PROMENADE

V. — Le Secteur sud-est.

Un tramway partant de la place Rouge oblique au sud-est, puis passe devant le couvent Ivanovski, dans la rue Solianka, tout auprès de l'Hospice des **Enfants Trouvés** fondé en 1763 par Catherine II. Thiers a raconté la belle entrevue de Napoléon Ier avec le gouverneur Toutolmine. L'empereur déplorait l'incendie de Rostoptchine. « Vos enfants, dit Napoléon au vieux général Toutolmine, ne croient donc plus que mon armée va les dévorer?... Pourquoi tant de ruines?... Si au lieu de se livrer à ces fureurs, on eût épargné votre capitale, je l'aurais ménagée comme Paris même; j'aurais écrit à votre souverain, j'aurais traité avec lui à des conditions équitables et modérées.... » De fait, le général fut l'intermédiaire de Napoléon victorieux dans une œuvre de paix qui n'échoua, comme le craignait trop bien l'empereur français, que par les ennemis intéressés à le brouiller avec Alexandre; c'étaient des Allemands, des Anglais, heureux d'attiser des luttes terribles. Cet établissement reçoit plus de 14000 enfants chaque année. Dans la cour dorment plus de 5000 vaillants soldats français; car en 1812 ces bâtiments servirent d'hôpital.

Au delà du pont de Iamskoï, au-dessus de la Iausa, le tramway bifurque. A l'est il gagne, par les rues Nikolo, la porte Rogojskaïa-Zastava. En s'arrêtant un peu avant on arrivera au **couvent d'Androniev**, fondé en 1361, rebâti après 1812, possédant cinq églises; son clocher, haut de 80 mètres, est un bon point de vue.

Si du pont Iamskoï on suit le tramway du sud-est, on arrive à la

porte Pokrovskaïa et à la **Gare de Nijni-Novgorod** en passant par les rues Vchivogorskaia, Bolvanovka, Taganka, Semenfovskaïa. Si l'on oblique au sud-ouest, au commencement de cette dernière rue, on arrive par les rues Semenovski et Basmannaïa au couvent **Novospasky Monastyr**, nom qu'il doit à une image rapportée de Viatka et conservée dans la cathédrale par Ivan III. Fondé au xve siècle, il a été rebâti. Dans le passage, grandes peintures bibliques; derrière l'autel de l'église principale on voit les portraits de dix patriarches. Les fresques figurent la généalogie du czar Alexis Mikhailovitch et des philosophes grecs. Le couvent renferme des tombes de la famille des Romanof et de grandes richesses dans son trésor (Risnitza).

En continuant notre marche vers le sud, dans la direction du courant de la Moskava, on passe devant une caserne, puis devant un magasin à poudre; un peu avant d'arriver à la porte Simonovskaia, et au petit étang de Lisin, rendu célèbre par Karamsin, on trouve le **couvent de Simonof**; fondé au xive siècle, entouré d'un mur en 1591; pris par les Polonais en 1610, il fut transformé par les Français de 1812 en hôpital militaire. Du clocher, élevé de 100 mètres, on a une belle vue. Le trésor est riche, et la maîtrise particulièrement réputée. L'église principale mérite d'être visitée.

SIXIÈME PROMENADE

VI. — Le Secteur sud-ouest.

Nous partons du jardin d'Alexandre, du grand **manège**, construit en 1817 et mesurant 170 mètres de long. Derrière on trouve l'**Université**, fondée en 1755 par Élisabeth, fille de Pierre le Grand. L'ancienne université avec les salles de cours, bibliothèque de 170000 volumes, et des collections archéologiques, anatomiques, botaniques, minéralogiques. La nouvelle Université, bâtie en 1786, de l'autre côté de la rue Nikitskaïa, renferme l'église de l'Université et un important musée de zoologie. Nous entrons dans la rue Vosdvijenka où l'on trouve, dans les **Archives du Ministère des Affaires étrangères**, de riches collections de documents remontant à l'an 1265.

A l'angle sud du jardin d'Alexandre aboutit la rue Snamenka où se trouve le **Musée Roumiantzof**. On y voit une bibliothèque, des images maçonniques des anciens czars, une importante collection de monnaies, le musée ethnographique de Dachkof, avec les collections rapportées par O. de Kotzebue. Puis ce sont des modèles de costumes et de maisons des peuples slaves, une collection minéralogique et zoologique, une galerie de tableaux de diverses écoles, provenant en partie de l'Ermitage et où sont réprésentés la plupart des peintres russes modernes.

Nous dirigeant vers la Moscova, on trouve **l'église du Sauveur**, couverte de cinq coupoles dorées, bâtie, en 1839, sur les plans de Thon, en souvenir de la reprise de Moscou en 1812. Les sculptures extérieures sont de Laganovski, Ramazanof et Klodt. A l'intérieur on a inscrit sur des tables de marbre les noms des batailles et des officiers tués. Les peintures de la coupole sont de Markof et Kochelef, celles du chœur de Verestchagine et Sorokine. Dans la galerie supérieure on trouve les chapelles Saint-Nicolas et Saint-Alexandre Nevsky. La maîtrise est réputée. Nous traversons la Moskova avec le tramway qui passe sur **le Pont Kameny** connu comme l'un des plus anciens ponts de la Russie. Jusqu'en 1643 on n'avait construit sur la Moskova que des ponts provisoires ou flottants. En 1643 on fit venir de Strasbourg un architecte, Jean Kristler, nommé en Russie Anzée Jacobson. Il commença le premier pont en pierre; ses travaux, interrompus en 1645, repris en 1682, furent achevés en 1687 par un moine. Restauré plusieurs fois, notamment en 1812, il fut reconstruit avec des arcs de fer en 1857 par le général Chouberski. Un horloger anglais, Galloway, conduisit d'ici, en 1633, l'eau de la Moskova dans les cuisines du palais.

Après avoir franchi le pont on entre dans l'île; on y trouve la place Bolota, le plus important marché de fruits à Moscou. Longeant vers l'est le canal de dérivation (Vodootvodny), on rencontre le **pont métallique dit Tchougouny**; c'est le point de départ des bateaux à vapeur qui font le service du mont des Moineaux, à l'extrémité sud-ouest de Moscou. Traversant alors le canal, on gagne les faubourgs méridionaux en passant par la rue Pianitzkaïa, où l'on trouve la **galerie Trétiakof**, la plus importante collection de tableaux russes modernes, visible gratuitement de 11 heures à 4 heures.

La ligne de tramways, venant du pont Kaméni, oblique de la place Serpoukhovski, vers l'ouest, à la **place Kaloujski**. D'ici partent quatre grandes avenues : 1° celle du sud-est ou **Mytnaïa**, après avoir passé le **marché aux chevaux** (**Konnaïa**), coudoie la caserne Alexandre, mène à l'hôpital Pavlovski et au **couvent Danilof**, le plus ancien de Moscou; 2° par une des rues orientées de l'est à l'ouest nous rejoignons deux de ces quatre annexes au point où elles rencontrent le **couvent de Donskoï** ou de **Notre-Dame du Don**, fondé (1592) en souvenir de la victoire de Kasa-Gireï remportée par Boris Godounof sur les Tatars, sous le czar Féodor Ier Ivanovitch. Le couvent est entouré d'un mur élevé en 1712; on y trouve un bois, neuf églises, un cimetière où sont des tombes de grandes familles. L'église principale fut bâtie, en 1684, par la sœur de Pierre le Grand; on y trouve l'iconostace le plus élevé de Moscou et des fresques inspirées des histoires de la Bible.

L'image de Notre-Dame du Don est surchargée de pierreries.

3° L'autre avenue partant de la place Kaloujski oblique au sud-ouest sous le nom de **Grande Kaloujskaïa**; elle est bordée à l'ouest par l'**hôpital des Bourgeois**, l'**hôpital de la Ville**, l'**hôpital Golitzyne**, le **château d'Alexandre**, résidence impériale d'été. Son **parc de Sans-Souci** (Neskoutchny), ouvert de 9 heures du matin à 9 heures du soir, est le mieux entretenu des parcs de Moscou. On jouit d'une très belle vue sur la ville et l'on peut voir des plantes tropicales dans ses serres.

Poursuivons notre chemin le long de la Moskova, en dehors de la porte de Kalouga. C'est ici qu'eut lieu le départ des troupes françaises du 18 au 19 octobre 1812. « On passa toute la nuit, écrit Thiers, à charger les voitures de vivres et de bagages et à traverser les rues ruinées de Moscou pour prendre sa position de marche près de la porte de Kalouga. Le lendemain 19 octobre, premier jour de cette retraite à jamais mémorable par les malheurs et l'héroïsme qui la signalèrent, l'armée se mit en mouvement. »

Après avoir franchi cette porte, on trouve la **maison Alexeievski**, pour pauvres, puis l'**hôpital des Fous.** On arrive ainsi au **Mont des Moineaux** (**Vorobievy Gory**), d'où l'on peut à merveille contempler les détours de la Moskova et la ville de Moscou. Un restaurant est installé à la place où Napoléon contempla Moscou pour la première fois. Comme l'a dit Thiers, « l'armée française s'avançait d'un pas rapide vers les hauteurs d'où elle espérait enfin apercevoir la grande ville de Moscou.... Dans ses rangs il y avait une quantité de soldats et d'officiers qui avaient été aux Pyramides, aux bords du Jourdain, à Rome, à Milan, à Madrid, à Vienne, à Berlin et qui frémissaient d'émotion à l'idée qu'ils allaient aussi visiter Moscou, la plus puissante des métropoles de l'Orient.... Enfin, arrivée au sommet d'un coteau, l'armée découvrit tout à coup au-dessous d'elle, et à une distance assez rapprochée, une ville immense... A cet aspect magique, l'imagination, le sentiment de la gloire, s'exaltant à la fois, les soldats s'écrièrent tous ensemble : Moscou! Moscou! — Ceux qui étaient restés au pied de la colline se hâtèrent d'accourir; pour un moment tous les rangs furent confondus, et tout le monde voulut contempler la grande capitale où nous avait conduits une marche si aventureuse.... Napoléon survint à son tour... il ne put se défendre d'une profonde émotion... il éprouva une sorte d'enivrement.... ses lieutenants, émerveillés comme lui, ne se souvenant plus de leurs mécontentements fréquents dans cette campagne, retrouvèrent pour lui ces effusions de la victoire.... »

SECONDE PARTIE. — De la montagne des Oiseaux le bateau à vapeur permet de regagner le centre de Moscou. Mais on peut aussi prendre un bac et y revenir par terre. On gagne alors le **couvent des Demoiselles (Novodévitchi)**, sur la place ou champ du même nom. Pierre le Grand y fit enfermer sa sœur Sophie, sous le nom de Suzanne; elle y mourut en 1704; sa tombe se trouve dans l'église principale; l'on y voit aussi la tombe de la première femme de Pierre le Grand. On montre encore la fenêtre de la cellule de Suzanne, devant laquelle le czar fit attacher trois cents strélitz rebelles. Un tour a été dressé en l'honneur de Souharef, le seul capitaine de Strélitz resté fidèle aux czars.

Sur le Champ des Demoiselles le boucher Cosme Minitch Souhorouki chanta le *Te Deum* de délivrance, après la victoire provoquée par les beaux accents de ses discours patriotiques. Du Champ des Demoiselles avançant au nord-est, dans la direction de la rue Prékchistenka, on rentre en ville en passant devant l'église du Sauveur, très remarquable et déjà décrite, le musée Roumiantzof, dans la rue Znamenka, et l'on retrouve le Kremlin avec le jardin d'Alexandre.

Nous adressons nos remerciements à MM. Tatitchef et Povloski pour leur aimable concours.

NOTES DIVERSES

Moscou compte plus de 760 000 habitants; il y a 15 000 Allemands. C'est la capitale historique de la Russie, la ville du couronnement des czars qui, jusqu'à Pierre le Grand, en firent leur capitale politique. Historiquement elle s'est formée de cinq accroissements successifs: le Kremlin, la ville de Kitaigorod, Bieloigororod, Semlianoigorod, des faubourgs récents (voir la tour d'Ivan); des murailles et des boulevards indiquent ces villes diverses, qui ne sont plus que des souvenirs. Aujourd'hui Moscou est divisé administrativement en dix-sept « tchasti » ou arrondissements.

Fondée en 1147 par l'établissement du camp du grand-duc de Kiev,

Vouri Vladimirovitch Dolgorouky, Moscou fut longtemps une bourgade sans importance. Nous avons rappellé les épisodes principaux de son histoire en arrivant sur la scène où ils se sont passés.

Le caractère de Moscou est unique. L'Orient et le Monde Slave y ont marqué des empreintes dont l'étude offre le plus grand intérêt. L'Allemagne y tient trop souvent une place importune, fatale au génie russe. Mme de Staël a écrit, dans ses *Dix années d'exil*, que « l'œil ne peut se porter que sur des richesses ou sur des bienfaits, sur des édifices de luxe ou de charité, sur des églises ou des palais, qui répandaient du bonheur ou de l'éclat sur une vaste portion de l'espèce humaine ».

RENSEIGNEMENTS PRATIQUES

Température et vêtements. — Les froids règnent de la mi-octobre à mi-janvier. On a — 28° et — 33° et même, mais très rarement, jusqu'à — 40° Réaumur. La belle saison dure de la mi-avril à la mi-juillet ; le thermomètre monte ensuite jusqu'à + 33°, rarement jusqu'à + 38°. Alors Moscou est abandonné.

De Paris à Moscou. — Voici l'itinéraire général d'après le *Journal officiel de l'Exposition française à Moscou :* Départ à la gare du Nord par le train express (9 h. 25 s.) pour Cologne ; faculté de prendre des billets de wagons-lits. On arrive à Cologne : 7 h. 17 m. On repart de Cologne à 8 h. 30 ; on arrive à Berlin à 8 h. 19 s. — On peut, si on le préfère, séjourner à Cologne jusqu'à midi et l'on a tout le temps nécessaire pour visiter au moins la cathédrale (à proximité de la gare) ; dans ce cas on arrive à Berlin le soir à 10 h. 42. De Berlin à St-Pétersbourg il n'y a qu'un seul train qui part à 11 h. 30 s. On arrive ainsi à St-Pétersbourg le surlendemain, à midi, soit entre Berlin et St-Pétersbourg un voyage de 36 heures, coupé à 2 h. de l'après-midi par un arrêt à Virbalen pour la visite des bagages et le changement de voiture. On part enfin de St-Pétersbourg le soir à 7 h. pour arriver le lendemain matin à 10 h. à Moscou, soit 15 heures de trajet. De Paris on ne délivre de billets que jusqu'à St-Pétersbourg, ou jusqu'à Varsovie, si l'on préfère aller directement de Paris à Moscou, sans passer par St-Pétersbourg. Dans ce dernier cas l'itinéraire et les heures de départ sont les mêmes jusqu'à Berlin. Là, au lieu de prendre la voie de St-Pétersbourg, on prend celle de Varsovie. Le train part de Berlin à 11 h. 57 s. et arrive à Varsovie le lendemain à 2 h. 57 de l'après-midi. A Varsovie on change de gare au moyen d'un chemin de fer de ceinture, puis on se dirige directement sur Moscou où l'on arrive à midi le surlendemain, le trajet de Varsovie à Moscou étant ainsi de 45 heures.

Il est prudent de se munir d'un panier de provisions à Cologne pour Berlin et de le renouveler à Berlin pour Virbalen, où un buffet permet de le regarnir de nouveau pour St-Pétersbourg.

Prix. — Le prix des places de Paris à Saint-Pétersbourg est en première classe, de 322 fr. 10. En prenant tantôt des premières et tantôt des secondes, le prix est de 215 fr. 40, plus 80 fr. environ pour le prix des wagons-lits.

Les prix approximatifs de *Paris* à *Moscou* par *Varsovie* sont : En première classe, 360 fr. 70; avec classe mixte, 270 fr. 40. Les billets d'aller et retour qui vont être prochainement émis seront valables pour 30 jours. Les prix seront de 541 fr. 10 en première classe, et de 405 fr. 70 en seconde. — Le prix, en première, de Paris à Varsovie est de 210 fr. 35.

La Compagnie des Wagons-Lits n'assure ses voitures que de Paris à Cologne, moyennant un supplément de 18 fr. 80; de Berlin à Alexandrowo, moyennant un supplément de 15 fr. 90; et de Varsovie à Moscou, moyennant un supplément de 20 francs.

Passe-ports. — A la préfecture de police délivrance du passe-port français nécessaire. Il sera visé par le consulat général de Russie à Paris, quelle que soit la religion à laquelle appartienne le demandeur. Il suffira d'ailleurs, pour les Français qui sont exposants, de justifier de cette qualité en produisant leur certificat d'admission à l'Exposition ou une autre pièce émanant du secrétaire général de l'Exposition.

[Les droits actuels, qui seront inscrits par la douane sur les factures de nos exposants, vaudront pour toute la durée de l'Exposition.]

Argent. — Il vaut mieux faire le change à Paris. Le rouble vaut 2 fr. 95. Il a cent kopeks. — Les prix se majorant habituellement, il est utile de marchander. Lire le chapitre du Bazar, pour certaines habitudes commerciales.

Postes et Télégraphes. — Pour l'Union postale le port de lettres est de 10 kopeks. — On reçoit des dépêches en français.

Interprète français. — M. Bergé, employé et recommandé par

M. Mareuse, du comité de la revue l'*Ami des Monuments et des Arts*; au bazar slave.

Six gares (Voksal). — Au nord-ouest de Moscou la gare de **Smolensk**, par **Varsovie** et la direction ouest; à côté l'arc de triomphe d'Alexandre. — Au nord-est de Moscou sont groupées trois gares : l'une la gare **Nicolas** pour **Saint-Pétersbourg** et la direction nord-ouest; l'autre la gare pour **Iaroslav** pour la direction nord-est; la troisième la gare de **Riazan** pour la direction sud-est, vers Orembourg et l'Oural. — A l'est de Moscou la gare de **Koursk**, pour les directions Kiev, Odessa, Sébastopol. — Au sud-est de Moscou la gare de **Nijni-Novgorod** et la direction est, vers Vladimir.

Des **Bateaux à vapeur**, pour la montagne des Moineaux (au sud-ouest de Moscou), partent du sud du Kremlin, au pont Tchougouni qui se trouve dans l'île, sur le canal de dérivation.

Voiture. — Il n'y a pas de tarif, il faut faire son prix. Une course ordinaire se paye de 10 à 30 k.

Tramway. — Les parcours principaux sont indiqués sur notre plan.

Théâtres. — Le Grand et le Petit se trouvent au nord-est et près du Kremlin. Le Pouzkine (pièce russe) est dans la rue Tverskaia. Le Vaudeville (pièces françaises) dans la rue Petrovka. On représente au théâtre Skomoroch des pièces suivies par la masse du peuple (boulevard Szetinski). — Enfin on peut se distraire encore au jardin Petroiskoie (au nord-ouest et en dehors de Moscou et au jardin Sokolntzkaia (au nord-est.) Des tramways y conduisent (voir notre plan).

Hôtel Slavanski Bazar, rue Nikolskaia; vaste, aristocratique, superbe salle à manger. — Hôtel **Dusaux**, également bon, sur la place du Théâtre. — Hôtel de **Berlin**, rue Rosdestvenska. — Hôtel **Fuchs**, rue Loubianka. — Hôtel de **Dresde**, rue Tverskaia.

Hôtels à la **russe** : Hôtel **Bolchaia Moskovskaia**, sur la place Voskressenski. — Hôtel de **France**, rue Tverskaia. — Hôtel **Kokorev**, rue Sofiikaia. — Hôtel **Mamontova**, rue Tverskaia. — On trouve de nombreux *restaurants;* les plus chers sont celui de l'*Ermitage* et le *Slavianski Bazar*.

Il y a encore plusieurs **Clubs**, des **Concerts** (au jardin de l'Ermitage, au jardin Zoologique).

TABLE MEMENTO
DES
PRINCIPALES CURIOSITÉS

I. — PREMIÈRE PROMENADE.

LE KREMLIN.

Observation relative aux cartes d'entrée. — Le Kremlin souterrain. — Mur d'enceinte ; les portes : Porte Spasskoï ou Porte Sainte ; Porte Saint-Nicolas.

INTÉRIEUR DU KREMLIN.

Couvent du Voyage Céleste ; l'église d'hiver, l'église d'été. — Le petit palais Nikolas. — La cloche colosse ou Czar Kolokol. — Le clocher d'Ivan Wéliky. — Aspect de Moscou vu du haut de ce clocher. — Les divisions et agrandissements successifs. — Napoléon Ier au Kremlin. — La cathédrale de l'Assomption ou Ouspenskoï. — La cathédrale Saint-Michel ou des Saints-Archanges. — La cathédrale de l'Annonciation. — Le grand palais du Kremlin ou Palais-Neuf. — Histoire. — La salle Saint-Georges. — La salle d'Alexandre. — La salle du Trône ou salle Saint-André. — La salle Sainte-Catherine. — La chapelle de la naissance de la Vierge. — Appartements du grand-duc héritier. — Trésor ou salle d'armes ou Oroujéynaya. — L'église du Sauveur dans la forêt ou Spass na borou. — La salle de Wladimir. — La Chambre dorée ; Le vieux palais à facettes ou Granovitaïa Palata. — L'escalier Rouge ou escalier des Lions. — Le vieux palais de Térem ou du Belvédère. — Chapelle du Sauveur derrière la grille d'or. — Le palais de Plaisance. — Caserne du Kremlin. — Canon monstre. — L'Arsenal : canons français, autrichiens, prussiens, italiens. — Le bâtiment synodal et ses édifices. — Le monastère d'hommes du Miracle ou Tchoudov Sabor ; églises Saint-Alexis et Saint-Michel.

II. — DEUXIÈME PROMENADE.

LA VILLE CHINOISE OU KITAI GOROD.

Le Bazar. — Les Lignes. — La maison des Romanof. — L'église Saint-Bazile ou Vassili Blajenny. — La place Krasnaia ou Rouge ; Lobnoïé Miesto, monument de Minine et Pojarsky, Musée historique, Notre-Dame d'Ibérie. — Monuments et rues divers.

III. — TROISIÈME PROMENADE.

SECTEUR NORD-OUEST. DE LA GARE DE SMOLENSK AU KREMLIN, A L'EXPOSITION.

L'Arc de triomphe d'Alexandre Ier. — Le château de Petrovski, séjour de Napoléon Ier pendant l'incendie. — Prison des déportés en Sibérie. — Mo-

22431. — Imprimerie A. Lahure, rue de Fleurus, 9, à Paris.

NOTES PERSONNELLES

La direction de la revue *L'Ami des Monuments et des Arts* sera très heureuse des renseignements complémentaires qu'on jugera utile de lui adresser.

Cette page est réservée pour l'inscription des notes personnelles.

Les noms des Fondateurs seront, à moins de demande contraire, publiés dans une liste qui paraîtra avec la dernière livraison. Nul doute que cette édition ne soit bientôt une rareté. Pour se la procurer, il est nécessaire d'adresser **immédiatement** son adhésion en y joignant un mandat de 25 francs, édition japon 60 et 65 francs.

Ce livre, fruit de longues années de recherches, est à la fois un ouvrage de bibliophile, un livre de lecture, un recueil de documents graphiques, un cicerone qui mène le promeneur aux curiosités peu connues de Paris; il explique l'histoire et interprète les chefs-d'œuvre de la capitale.

L'illustration fort originale comporte des reproductions des vieux et grands plans, d'anciennes estampes rares, réduites à un format de poche et puisées, soit dans le riche cabinet de l'auteur, soit dans ceux de collectionneurs parisiens bien connus : le curieux peut ainsi les emporter sur place; on y trouve beaucoup d'ensembles ou de détails d'édifices détruits, ce qui en fait pour l'artiste un *recueil de documents* précieux pour ses travaux, et un très grand nombre de clichés absolument inédits, notamment une suite de *schema :* le commentaire des sculptures et œuvres d'art y est inscrit à la place même qu'ils occupent sur l'original; de la sorte, l'auteur a dégagé le texte de descriptions fastidieuses pour ne retenir que les choses essentielles; en même temps le visiteur trouve tous les détails sur une même page, et à leur place. En un mot, l'illustration en fait le seul livre qui permette d'avoir, à peu de frais, une connaissance complète de Paris.

Ce Guide n'a aucun rapport avec les ouvrages analogues; il est écrit pour les gens de goût, les amateurs, les érudits, les artistes; il appartient aux étrangers qui veulent comprendre Paris et vivre de sa vie d'autrefois; il est pour tous ceux qui aiment le passé, parce que c'est l'âme de la France. C'est ce que l'on a bien souvent demandé d'entreprendre; c'est pourquoi l'auteur s'est essayé à ce rude labeur. La façon dont le public voudra bien encourager cet essai lui permettra de compléter son travail.

Ce livre comble une lacune évidente, car nul ouvrage n'a encore été élevé sur ce programme à la fois si vaste par la multitude des renseignements et si concis dans sa forme commode.

Ceux qui souscriront *dès à présent* auront seuls droit à l'*édition unique des Fondateurs.*

Quatorze fascicules sont parus,

Une bibliographie signalera sur chaque région les ouvrages où l'on peut trouver des renseignements.

Minimum de 400 pages, texte très serré, avec plus de 150 planches et gravures sur papier de luxe.

22431 — Imprimerie Lahure, rue de Fleurus, 9, à Paris.

L'AMI
DES
MONUMENTS
ET DES ARTS

www.ingramcontent.com/pod-product-compliance
Ingram Content Group UK Ltd.
Pitfield, Milton Keynes, MK11 3LW, UK
UKHW021147220726
13924UKWH00003B/1055

9 782019 915308